This book belongs to:

Aa Bb Cc Dd Ee

Aa Bb Cc Dd Ee

Aa Bb Cc Dd Ee

Aa Bb Cc Dd Ee

Aa Bb Cc Dd Ee

Aa Bb Cc Dd Ee

Aa Bb Cc Dd Ee

Aa Bb Cc Dd Ee

Aa Bb Cc Dd Ee

Aa Bb Cc Dd Ee

Aa Bb Cc Dd Ee

Aa Bb Cc Dd Ee

Aa Bb Cc Dd Ee

Aa Bb Cc Dd Ee

Aa Bb Cc Dd Ee

Aa Bb Cc Dd Ee

Aa Bb Cc Dd Ee

Aa Bb Cc Dd Ee

Aa Bb Cc Dd Ee

Aa Bb Cc Dd Ee

Aa Bb Cc Dd Ee

Aa Bb Cc Dd Ee

Aa Bb Cc Dd Ee

Aa Bb Cc Dd Ee

Aa Bb Cc Dd Ee

Aa Bb Cc Dd Ee

Aa Bb Cc Dd Ee

Aa Bb Cc Dd Ee

Aa Bb Cc Dd Ee

Aa Bb Cc Dd Ee

Aa Bb Cc Dd Ee

Aa Bb Cc Dd Ee

Aa Bb Cc Dd Ee

Aa Bb Cc Dd Ee

Aa Bb Cc Dd Ee

Aa Bb Cc Dd Ee

Aa Bb Cc Dd Ee

Aa Bb Cc Dd Ee

Aa Bb Cc Dd Ee

Aa Bb Cc Dd Ee

Aa Bb Cc Dd Ee

Aa Bb Cc Dd Ee

Aa Bb Cc Dd Ee

Aa Bb Cc Dd Ee

Aa Bb Cc Dd Ee

Aa Bb Cc Dd Ee

Aa Bb Cc Dd Ee

Aa Bb Cc Dd Ee

Aa Bb Cc Dd Ee

Aa Bb Cc Dd Ee

Aa Bb Cc Dd Ee

Aa Bb Cc Dd Ee

Aa Bb Cc Dd Ee

Aa Bb Cc Dd Ee

Aa Bb Cc Dd Ee

Aa Bb Cc Dd Ee

Aa Bb Cc Dd Ee

Aa Bb Cc Dd Ee

Aa Bb Cc Dd Ee

Aa Bb Cc Dd Ee

Aa Bb Cc Dd Ee

Aa Bb Cc Dd Ee

Aa Bb Cc Dd Ee

Aa Bb Cc Dd Ee

Aa Bb Cc Dd Ee

Aa Bb Cc Dd Ee

Aa Bb Cc Dd Ee

Aa Bb Cc Dd Ee

Aa Bb Cc Dd Ee

Aa Bb Cc Dd Ee

Aa Bb Cc Dd Ee

Aa Bb Cc Dd Ee

Aa Bb Cc Dd Ee

Aa Bb Cc Dd Ee

Aa Bb Cc Dd Ee

Aa Bb Cc Dd Ee

Aa Bb Cc Dd Ee

Aa Bb Cc Dd Ee

Aa Bb Cc Dd Ee

Aa Bb Cc Dd Ee

Aa Bb Cc Dd Ee

Aa Bb Cc Dd Ee

Aa Bb Cc Dd Ee

Aa Bb Cc Dd Ee

Aa Bb Cc Dd Ee

Aa Bb Cc Dd Ee

Aa Bb Cc Dd Ee

Aa Bb Cc Dd Ee

Aa Bb Cc Dd Ee

Aa Bb Cc Dd Ee

Aa Bb Cc Dd Ee

Aa Bb Cc Dd Ee

Aa Bb Cc Dd Ee

Aa Bb Cc Dd Ee

Aa Bb Cc Dd Ee

Aa Bb Cc Dd Ee

Aa Bb Cc Dd Ee

Aa Bb Cc Dd Ee

Aa Bb Cc Dd Ee

Aa Bb Cc Dd Ee

www.ingramcontent.com/pod-product-compliance
Lightning Source LLC
LaVergne TN
LVHW081302070225
803204LV00023B/533

* 9 7 9 8 6 4 7 5 9 1 8 1 4 *